9 789304 405902

بسم الله الرحمن الرحيم

عَبَقُ الزُّهور

صيد الخاطر
للنشر والتوزيع

المدير العام : أحمد فؤاد

العنـــــوان: عَبَقُ الزُّهور
اسـم الكاتـب: أمينة المتوكي
إخـراج داخلـي: مي مختار
تصـميم الغـلاف:
الطبعـة الأولـى: 2025
رقـم الإيداع: --- /2025
التـرقيم الـدولي: (ISBN): 978-9-3044-0590-2

• للتواصـــــل: +201090767919
• إدارة التوزيــع : +201009591771
• العنـــوان : 72 شارع جامعة الدول العربية - المهندسين
• الموقع الالكتروني: www.booksbooking.com

عَبَقُ الزُّهور

الطبعة الأولى

للشاعرة

أمينة المتوكي

2025

عَبَقُ الزُّهور

بِمِعْولي الحَثِيث
ومِجْرفتي وفَأْسي
نَكَشْتُ تُربة حديقتي
المعانقة لبيتي
نثرتُ من البذور ما ندر
وجاد الحيا بلؤلؤ ودُرَر
فهذه عرائس الأُورْكِيدَا
باسمة حالمة بحياة جديدة
وهذا سيدي الأُقْحُوَان
يزهو، يتبختر في عُنْفُوَان
وذاك جيش من قُرُنْفُل
في ثوبه الفتّان يَرْفُل
وتلك فرقة من جُورِي
تعزف سمفونية أمل ونُورِ
وأنا بين أزهارِي
أرقص مع الأطيارِ
أحِيك فستاناً يعبق

بطيب بنفسج وزنبق
أنسج بِساطا من خيالي
يأخذني بعيدا في الأعالي

اليوم أنا في حالة ذهول
أزهاري في حالة ذبول
تتوقف عن العزف
تنسحب من الحفل
ما العمل؟ ما الحل؟
أهو داء إليها تسلل؟!
أم هو خذلان ونكران جميل؟!
معروف، فضل وغير أصيل
حتى أنتَ يا مَعْشوقِي اللّيْلَك
رحلتَ، أدرتَ لي ظَهرك
يا شَقائقَ النعمان عودي
في بما بيننا من عهود
وأنت يا عَبَراتي
أكنتِ على أُهْبَةٍ واستعداد
وكأنكِ في مباراة

جريتِ أنهاراً ووادي

مِعْولي
قال لي
هيا للعمل
وزرع الأمل
لبَّيْتُ النِّداء

صَيَّرْتُ حديقتي غنَّاء
أزاح الرّبيع الشتاء
رفع النَّصْر اللِّواء

غامض محير

من تكون أيا غامض محَيِّرُ
هل أنت طرب معزوفة تُبْهِرُ
بزوغ فجر ضياء ونور
قمر ثان حول الأرض يدور

أم أنتَ دُجْنَةٌ وليل حالِك
حلم بائس صريع هالك
خِضَمّ مضطرب وبركان ثائر
انهيار أسهم، متاعب وخسائر

هل أنتَ بطل حكايات الخيال
جَسُور مِقدام رصين المقال
قصر خرافي يصافح السحاب
فانوس سحري يحقق العُجَاب

أم أنت طريق محفوف بالمخاطر
قد يعترضني فيه غول وساحر

غَوْرُ بئر يخنق الأنفاس
موحش مقفر يجمِّد الإحساس

وأنا أ أنثر ورداً خالياً من شوكه
أم أسْتَلُ سيفي البتار من غمده

سيدة زرافة

بخفة ورشاقة
وعيون براقة
مفعمة بالطاقة
إلى المجد تواقة

مشت سيدة زرافة
تتمايل في ظرافة
تحيي الكل بلطافة
كأنها نجمة الصحافة

فجأة تعثرت خطاها
بحجارة العشب غطاها
تفحصت من يراها
وقد احمرت وجنتاها

لمحت سيدة غُرابة
فرمقتها بغرابة

زعمت أنها سبب الإصابة
ووجهت لها عتابا

عند منتصف النهار
أحست بتعب ودوار
ما رأت في الجوار
غير قطيع من الأبقار

حدجته بنظرة شريرة
قالت ليتك تحبس في حظيرة
لقد استحوذت عليك الغيرة
لأني بهية الطلعة كأميرة

تعافت فمشت طويلا
تتنشق نسيما عليلا
صادفت سيدة فيلة
يشهد الكل أنها نبيلة

حيتها ببشر وسرور
تحدثتا في عدة أمور
هنئتا بالسكينة والنور
تعطرتا بعبق الزهور

عادت لبيتها في المساء
تملّكها قلق واستياء
همست هذا من الفيلة جاء
من اليوم نحن كالأعداء

بعد أيام عديدة
وجدت نفسها وحيدة
كل الحيوانات سعيدة
وهي مقصاة بعيدة

قصدت السلحفاة الحكيمة
سألتها: هل أنا لئيمة؟
ردت عليها: لا يا فهيمة
بل أنت حمقاء غشيمة

النفع والضر بيد اللّه
لا يعطي ولا يمنع سواه
لقد ضل قلبك وتاه
تعوذي وتوكلي على اللّه

غروب

مالت الشمس للغروب

بجرأة شرعت في الهروب

بدت لي كخائنة

لعهدها غير صائنة

لقد خلفت وراءها

بحرا مضرجا بالدماء

قلبه منفطر يذوب

ينزف ويجابه الكروب

متأمل بجانبي ذو خيال

همس إلى رفيقه وقال

الشمس اعتراها الشحوب

كئيبة وبريقها مسلوب

طعنها البحر الغدور

ما كان له أن يظلم ويجور

ها هي تنسحب وقلبها جريح حزنان

تجر أذيال الخيبة والخذلان

تسمرت واجما في مكاني

أ يعقل أن يكون البحر الجاني
أ تشرق ويطلع النهار
وأكون لها مدينا باعتذار

هذا ما قد تم وصار
فدار بيننا حوار
ضحكت من حماقتي وقالت
غروبي فتان محبوب
فيه سكينة للقلوب
أطرقت وقلت يا شمسنا اعذريني
اصفحي ولا تآخذيني
فقد خلت غروبك
كغروب الأماني والأحلام
كغروب الود والسلام
كغروب البسمة من على الشفاه
كغروب اللقمة عن الأفواه
كغروب القناديل والشموع
في ليالي الفزع والدموع
كغروب البوصلة والشراع

حين تهب رياح الوداع

كغروب أخبار ورسائل

من عزيز كان دوما يراسل

كغروب القوة والحيلة

حين تنقلب الموازين ما بين يوم وليلة

كغروب الأوغاد

وتخلفهم عن الميعاد

كغروب الأيادي

حين نغرق ونادي

كألف غروب وغروب

تدمع له المقل وتنزف القلوب

لا مفر

أشرقت الشمس وأطل النهار
فوجئت بمحارب قد لاذ بالفرار

بصوت متهدج ممزوج بالأنين
صاح: إني جريح وقلبي حزين
صدري ينوء بثقل الحنين
مصاعب الحياة أبت أن تلين

إني من الواقع المرير فارّ
لا أدري إلى أين فعقلي حار

أنا غريب ولم يشرق نسيم صباحي
دلني على طبيب ليضمد جراحي
دلني على نبع حظ لأملأ أقداحي
وعلى محل لأبتاع زيتا لمصباحي

لقد تمزق حذائي وأوجعني شوك الصبار

تورمت قدماي ولم يمر أي قطار

أين أجد واحة اسمها الجمال
تعبق بالسكينة وراحة البال
قيل أن كل من يحط بها الرحال
تورق أحلامه وتزهر الآمال

ما كدت أنبئه بأنها ليست هنا ولا بالجوار
حتى داهمته قوات الواقع وفرضت عليه الحصار

طائر الهزار

في غابة ومن بين الأشجار
أطل طائر الهزار
مترنما بلحن رهيف
يسلب عقول الشطار
ومرفرفة بأجنحتها
انضمت له باقي الأطيار

والأرانب البديعة البهية
برزت من الأجحار
تقفز وترقص هنية
تعزف على الأوتار

وبرشاقتها المعهودة
لاحت الزرافات الودودة
في عرض يسر النظار

أما القردة الشقية

بحركاتها البهلوانية
قد خطفت الأنظار
فاستحقت نجمة ذهبية
تسطع في وضح النهار

حاملا فطائر عسل شهية
مشى الدب كبطل مغوار
وزعها بيد سخية
استحبها كل الحضار

وخرطوم الفيل الطويل
تحول فجأة لمزمار
والغزلان الصبوحة الوديعة
تحوم حوله كالأقمار

وفي غمرة الفرح الغدق
سمع زئير ارتجت له الأشجار
من أنبأ الأسد المهيب
ضبع ذئب أم ثعلب مكار

وأخيرا وصلت السلحفاة

طار عقلها و احتار

فلم تجد سوى ليث

يجول في المضمار

قطف النجوم

حلم صعب المنال قد بدا
ونجوم السماء لي منه أقرب
حرت أ أجابه الصعاب والعدى
أم أسلم سلاحي وأنسحب

انطلقت بين راياتي مبحرا
فما ألفيت للبيضاء أثرا
على خوض النزال كنت مجبرا
قد كان لزاما وكان قدرا

ما إن بزغ الفجر والطير شدا
وجدتني أحشد قواي وأتأهب
سرت ولوقع قدماي صدى

إلى حلمي أرنو وأشرئب

جوالا طائفا من بلد إلى بلد

مسنودا مرة وأخرى بلا سند

حينا مغوارا مقداما كالأسد

وحينا متوجسا مطوقا بالشدد

دروب الحلم متعددة

قد لفها الغموض والتشعب

حواجزها بلغت المدى

في تخطيها كلل ونصب

كلما دب اليأس ونأى الأمل

رجعت لقصص الخيال أهرول

فيخيل إلي أني أنا البطل

لا يصده تنين ولا جبل

لن تزهر الحياة ولن تتورد

بلا هدف نحوه تصوب

هكذا يمضي العمر سدى

وأنت من نهر المجد لا تشرب

شرنقة المشاغل

كيف لساعة سكون وراحة
ألا تكون طائعة متاحة
كلما خطوت فارا من الساحة
جذبتني المشاغل الملحاحة

إنها لا تنثني لا تتوانى
تتناثر على رأسي ألوانا

كلما أفسحت لخيالي مجالا
ليسرح ويحط بواحة الرحال
سحبتني بقوة فورا وحالا
وقالت بحزم لا وألف لالا

يا مشاغل الحياة كفى عدوانا
استنفذت واستنزفت كم خزانا

فكي قيودي لا تكبليني

أخلي سبيلي غادريني
أنهي الحصار لا تخنقيني
فقط لساعة حرريني

لا أجد لما تصنعين عنوانا
إني أكاد أنفجر بركانا

أ تعين أنك قاسية عنيفة
تثقلين كاهلي بألف وظيفة
تجعلين مني على الدوام سيزيفا
أ تخسرين شيئا لو صرت ظريفة

لقد اختلست أياما حسانا
ونهبت حدائق وجنانا

أنسيتني أن على أرضنا بحرا وغابا
شدو بلابل نايا وربابا.
وأن لي صحبا أهلا وأحبابا
هيا شقي منفذا افتحي بابا

أم تراك لا تملكين آذانا

وستظلين أبدا جلادا وسجانا

مد وجزر

قلبك المتذبذب ماذا نوى
عقلك المزاجي على ماذا عزم

انطق يا ملاك
حيرتني في هواك
ويحك ما دهاك

سندباد ما بأرض ثوى
استقر على حال يا ابن العم

متقلب كالفصول
سحب تنقشع وتزول
ورعد يدوي كالطبول

حالك ما استقرت في الهوى
شمس مشرقة سواد وقتم

الربيع أقبل وحل

الخريف زاحمه وطل

العواصف صاحت أ ليس لي محل

قلبك تحت أي لواء انضوى

نجوم متلألئة ضباب وعتم

شقشقت العصافير

أشرقت الأسارير

اشتدت الأعاصير

حار العقل تاه وانزوى

احتجب القمر والليل خيم

اشهدي يا نجوم

ارثي معي يا غيوم

أينعي يا كروم

قد شبع القلب وارتوى

من مد وجزر وجوى ما رحم

وهج الذكريات

عقلي من غير إذن ولا مشورة
يبادر من حين لحين
يجتر ذكريات وألف صورة
كنت قد وأدتها منذ سنين
ليثبت لي أنها منقوشة محفورة
على صخر صلب متين
وأنها أبدا ما رسمت بطبشورة
لتمحى عند أول فرصة تحين
إنها حية تلك التي خلتها مقبورة
متى تشاء واثقة تغادر العرين
وكأنها مرغوبة وغير محظورة
بوقاحة تعاند تعاكس لا تستكين
لا يخبي نارها وحربها المسعورة
سوى سحابة يقودها الحنين
يزرعها في سمائي على شكل عصفورة
ألوح لها بيدي فترفرف في الحين

تمطرني ورود الماضي وألف بشورة

تشرق لها الروح والدنيا تزين

تتقافز الصور لآلئ منثورة

ترتسم بسمة على الوجه الحزين

يتفجر ينبوع إحساس ونافورة

يتعطر الجو بعبق الياسمين

أسافر إلى عالم الجمال والأسطورة

الذي تخلقه الذكريات الرياحين

أعشقها وأحتفي بها صورة صورة

مع أنه قد يصحبها نغم شجين

حيرتني العيون

العيون العيون
ما سرها المكنون؟
صهوة أي جواد أمتطي؟
ماذا أصطفي من بين خرائطي؟
أي طريق أي مسلك أختار؟
أ أقصد البراري أم أشق عباب البحار؟
لسبر أغوارها
لكشف أسرارها
فقد حيرتني العيون
شكلها والمضمون
مرايا تعكس الخبايا
تكشف ما بين الثنايا
تترجم الإحساس والانفعالات
كيف لا وهي تجيد كل اللغات
ما من دور يسند إليها
إلا والكل يثني عليها

عيون زاهية باسمة
غضة بهية حالمة
أينع في قلبها الربيع
وحفها نخل بديع

عيون ثاقبة كقوس نضوح
جامحة شعارها الطموح
بريقها يبدد حلك الليالي
يحلق بالأمل نحو الأعالي
عيون ساذجة بريئة
رؤيتها ضبابية رديئة
لا ترى غير الجمال في الغاب
تخاله خاليا من الذئاب
عيون منكسرة ناعسة
نظرتها كئيبة يائسة
تنم عن جروح غائرة
عن كرب وقوى خائرة
عيون تروي حكاية مرة
تختزل حياة و عمرا

تشهد على مسيرة كفاح

على صد السيول و الرياح

عيون جريئة

عيون صادقة

عيون شريرة

عيون عاشقة

عيون طيبة

عيون حاقدة

عيون حنونة

عيون حاسدة

كيف لي أن أحيط بكل العيون؟

وهي ألوان وفنون

عن الأشواق والحنين

القلب كلما سعى وجال
للهروب من لظى الأشواق
رمته قوس الوجد نبالا
وذللت الطريق لدمع الأحداق

ما لحظي عاثر في الهوى
كلما ارتقى للقاع هوى
غصن إذا ما اخضر وارتوى
لفحته توا نار الجوى

جاوزت أبحرا وتسلقت جبالا
بحثا عن بلسم وعن ترياق
فما وجدت إلا علقما وأهوالا
وتجرعت مرار العجز والإخفاق

العين تبكي شوقا وولها

لا حيلة ولا صبر لها
كانت مشرقة كعين المها
حتى غادرها القمر وعنها لها

إذا ما جف الدمع الذي سال
ظل واضحا أثر السواقي
لينبئ عن الوجع الذي طال
وعن شدة سيول المآقي

بحر الشوق هاج وعتا
أقاوم موجه العاتي عبثا
سفينتي في حالة لها يرثى
متى تسكن العاصفة متى

التفت الأشواق حول عنقي حبالا
تخنقني بعنف دونما إشفاق
تستبد بي ولا تلقي لي بالا
وكأنما يطيب لها استرقاقي

اظهر يا قمر وأنر الدجى
فغير طلتك القلب ما رجا
توهج في سمائي الغائمة توهجا
حينها فقط يكون القلب قد نجا

اغتراب

ثرثروا لما لمحوه
وقالوا إنه مجنون
به مس أو سحروه
أو ربما بليلاه مسكون

ومشى الجار الجديد
كأنه ضائع شريد
لا يدري إلى أين ولا ماذا يريد
غير مكترث بأن اليوم عيد

الذي رأيت عكس ما قالوه
إنه عاقل لكن محزون
هو ليس كما وصفوه
هو ينقب عن ذاته ومن يكون

على إيقاع لحن ظريف

من توقيع أوراق الخريف
واصل سيره على الرصيف
ملتحفا بمعطف خفيف

وجهه الكآبة تعلوه
وبقلبه شجن مكنون
القلق يأكله ويمحوه
وعقله بألف سؤال مشحون

إلى كرسي كان اللجوء
جلس يتأمل في هدوء
يتساءل عن القادم والمخبوء
أ تطيب حاله أم تسوء

كيف إلى الأمل ندعوه
لتلمع وتضحك العيون
كيف بالأحلام نكسوه
لتخضر وتورق الغصون

الدّب العبوس

دبّ صغير ناح وبكى
ضيق الحال والغم اشتكى
بصوت متهدّج قد حكى
أن الدنيا تحبك له شبكا

وأنه المنكود من بين الأنام
ليله سهاد ونهاره ظلام
قلبه الطيب ليس على ما يرام
بينه وبين الحظ غاب الوئام

لما الملل عليه استولى
قصد المروج للقيام بجولة
صعد ربوة ومن الأعلى
لمح أرانب تقفز وتتسلى

غبطها وقال يا لحظها الوافر

بهية والفرح عليها ظاهر
المرعى أخضر والبستان زاهر
ليتني على التحول لأرنب قادر

ما إن كشف عن أمنيته النقاب
حتى تحول لأرنب بهي جذاب
لعب قفز وتدحرج على الأعشاب
دعته الأرانب لجحرها فلقي الترحاب

لما جلس واتّخذ بينهم مكانا
ألفى الأرنب الأب تعبانا
محموما يئن ويهذي هذيانا
والأرانب حوله كئيبة حزنانة

استفسر عن حاله الأم المسكينة
أجابت بعيون دامعة حزينة
ألّم به داء أفقده السكينة
ونحن على هذه الحال سنين

رقّ قلب الدب وانسحب كئيبا
بعد أن تمنى للأب شفاء قريبا
في طريقه صادف قردة نجيبة
سلّته بحركاتها العجيبة

غبطها وتمنى لو قردا صار
في رمشة عين كان له ما اختار
لعب مرح وتسلق الأشجار
حتى تفاجأ بنشوب شجار

بدأ تراشق الشتائم والحجارة
استفسر عن سبب هذه الغارة
أجابته القردة بغصة ومرارة
ابتلينا بجيران يفقعون المرارة

تأسف الدب لحالهم وفرّ بعيدا
لاذ إلى شجرة وصدرت عنه تنهيدة
لمح سلحفاة فقال كم هي سعيدة

مترّيثة والدنيا في عينيها زهيدة

قبل أن يتمنى التحول لسلحفاة
شبّ حريق فسارع الكل للنجاة
عدا المسكينة كادت تفقد الحياة
بطيئة لم تقو على المجاراة

تذكرها الدب وساعدها في الحال
فهم أن الدنيا لا تثبت على حال
الكل فيها ينعم وينوء بالأحمال
فأقبل على الدنيا مرتاح البال

عطر الكلمة الطيبة

وقعها على الروح كنسيم عليل
معطر بعبق الزهور الشميم

لها سحر خرافي المفعول
يكسر أصفاد الحب المغلول
يوهج نجما في طريق الأفول
يحيي وردا على وشك الذبول

إنها كلمة طيبة كعزف جميل
بلسم للقلب المحزون الكليم

تدغدغ آذان السامعين
تنثر في ممر الفؤاد الياسمين
تمد الجسر القوي المتين
يذهل له أذكى المهندسين

تنير قصر الأحلام بألف قنديل
ينبسط الفؤاد وبالجمال يهيم

تفتح النوافذ على أحلى إطلالة
تشع الشمس والبحر والجبال آمالا
بسمة الرضى ترتسم هلالا
اليأس والقنوط يقدمان استقالة

ما فاه بها إلا ظريف أصيل
محب للخير ذو قلب سليم

ازرعها انثرها هنا وهناك
لا يقتضي الأمر أن تكون كالملاك
أو شاعرا أو أحد النساك
يكفيك قلب طيب كشجر الأراك

جد بها ولا تتشبه بالبخيل
فلن تفقرك ولن تخرجك من النعيم

صراع مع الأمواج

أسبح في بحر مجنون
يعشق الغضب والاضطراب
كلما مال للسكون
هاج وظني فيه خاب

أمواجه عاتية قاسية
تتلاطم مغتاظة غضبى
كأنها معي في حرب ضارية
أروم هدنة لكنها تأبى

تارة أرى قواي تخور
والعزيمة تهوي من العلياء

الليل يلتهم كل النور

فأصارع الموج والظلماء

البرد يوبس الأطراف

يلسع كعقرب لئيمة

تشتد بي الهواجس وأخاف

أن تضحي جهودي بلا قيمة

وتارة همتي تجاور النجوم

أقوى على صد الرياح

أحوز مضادات لكل السموم

وبلسما للآلاف الجراح

أبدد الغيوم والضباب

يبسم لي القمر المنير

أكشف عن أمنياتي الحجاب

أمضي قدما ولا أستدير

وفي الأفق تلوح جزيرة

تضخ الأمل في الشرايين

أسبح نحوها بلا حيرة

فالهدف المرجو نصب العين

في رحاب الحرية

من على القمم ومن فوق السحاب

من على الأغصان ومن بين العصافير

من فوق الأبراج ومن على القباب

من بين النجوم ومن على القمر المنير

لاحت الحرية في أحلى ثياب

ترفل في السندس وفي الحرير

نادت وتوجهت للكل بالخطاب

لمن في البر لمن يسبح ولمن يطير

قالت أنا الحسناء محطّ الإعجاب

أنا الفاتنة معشوقة الكبير والصغير

يسعى للظفر بي خيرة الشباب

يبذلون في سبيلي ذهبا وآلاف البعير

يعبرون الصحاري ويشقون العباب

وسط العواصف تحت المطر ووقت الهجير

والصبايا الفاضلات يحمن حولي كالأسراب

أسراب حمام سلام ما له نظير

لهن أحلام وأمنيات تتدفق وتنساب

تسقي الأرض لتتحول إلى حقل شجير

والأطفال في غيابي يعرضون عن الألعاب

لا تغريهم السكاكر ولا الكعك الوفير

وفي حضوري تحلو الحياة وتستطاب

تضحك العيون وتنفرج الأسارير

حتى الرضيع ينجذب لي أيما انجذاب

حين فك القماط يبدو كعصفور يطير

كفراشة ترفرف في بستان خلاب

بعدما انعتقت من شرنقة الحرير

من أجلي جثم البلبل وما استجاب

كيف سيغني وهو في القفص أسير

ما إن جاءت الحرية وفتح الباب

حتى رفرف وصدح دونما تأخير

النمر المغرور

بين الشجر والزهور
جال النمر المغرور
مرددا أنا القوي الجسور

من يعترضني من العدى
يلق الهلاك والردى
لمغامراتي وبأسي صدى

وهو يغني ويصدح
لمح نملا يكدح
جاهدا ينقل حب القمح

سخر منه المختال
قال مرحبا يا أفيال
كم هو صعب حمل الجبال

لم يعره النمل اهتماما
ولا غابت عنه الابتسامة
ظل يعمل بجد واستقامة

تابع النمر المسير
مر بجانب الغدير
وجد قطا في موقف عسير

وقع سهوا في الماء
لم يكف عن المواء
أنقذوني يا أصدقاء

قهقه النمر بوقاحة
قال له صدقا وصراحة
أنت بطل في السباحة

اصرخ اصرخ يا غريق
لعله يهب لنجدتك صديق

أما أنا فسأواصل الطريق

وهو يدندن لاحت له غزالة
بين الورد والأزهار جوالة
رمقته فهربت على عجالة

صاح يا غزالة ابتعدي عني
افرحي امرحي وغني
لو أني جائع ما أفلت مني

فجأة ساءت الأحوال الجوية
هبت ريح وعاصفة قوية
يبدو أن الأمور قد أصبحت جدية

بسرعة هرعت كل الحيوانات
بحثا عن مخبأ للنجاة
عدا المتغطرس فقد اصطنع الثبات

شجرة سامقة باغتته

سقطت على ظهره فقصمته

حاول النهوض لكن قواه ما أسعفته

غمغم من سيهب الآن لنجدتي

كيف سأنجو من مصيبتي

كم هي مخزية نهايتي

نور الشمس والكئيب

خيط نور شمس ذهبي
تسلل إلى غرفة الكئيب

هالته الجدران المطلية
بالكآبة والطاقة السلبية
الورود قد ذبلت في المزهرية
الحياة صارت عنده عبثية

العالم في عينيه سوداوي
ونهر اليأس مرتفع الصبيب

رنا نور الشمس إليه
برفق دغدغ خديه
همس برقة في أذنيه
أجبره على فتح عينيه

خاطبه بصوت جميل ندي
عذب كأنه أغرودة عندليب

قم وأزح الستائر السوداء
أفسح المجال للنسيم والضياء
لا تدفن نفسك في الشقاء
تفاءل وعانق الخير والنقاء

لا تسلك طريق العدمي
فلوجودك معنى يا لبيب

ما خلق الله عبثا هذا الوجود
ولا أنت فيه عبثا موجود
انهض وقاوم الفتور والركود
حتما سيأتي موسم قطف الورود

أنت هنا للكد في الصباح والعشي
للإعمار والبناء لا النحيب

انتسب للشجر وارف الظلال
كن غصنا يانعا مثقلا بالغلال
يؤوي الطير ويملأ السلال
يلطف الأجواء ويعبق بالجمال

كافح واصنع عالمك الزهي
ثابر وانعم بالعيش الرطيب

هيا تحرك وغادر المغارة
اتسم بالحلم والجسارة
ضع الطموح على صدرك شارة
ساهم في بناء حضارة

تأوّهُ فَراشة

في المساء وأنا على مكتبي
أخطّ خاطرة عن تعبي
تسللت إلى غرفتي فراشة
سُرقت من على محياها البشاشة
اقتربت من مصباحي وشرعت تحوم
ببطء وكأن أجنحتها مثقلة بالهموم
نظراتها تنمّ عن الأسى
عن قلب حزين أمسى
أدركت أنها تود أن تبوح
بما لحقها من كرب وجروح
أخفيت وجعي بابتسامة
سألتها هذا الحزن علامَ؟
قالت بنبرة مبحوحة شجية
كنت داخل شرنقتي هنية
حتى قررت الخروج
لأستكشف البساتين والمروج

آملة أن أجد بستانا

مزروعا حُبا وحنانا

سماؤه زرقاء صافية

ثماره طيبة دانية

أطير باسمة وأرفرف

المسرّات نحو الكل تزحف

على إيقاع النسيم العليل

تتراقص الأغصان وتميل

تهدهد الأطيارَ الغرّيدة

الحياة زاهرة ورغيدة

من عبث بلوحتي الجميلة؟

كيف غدت الأحلام قتيلة؟

من حجب نور الشمس؟

من باع السِّلم بثمن بخس؟

من لوث السماء الزرقاء

بقذائف الدمار والهيجاء؟

من داس الأزهار الزاهية

و زرع الألغام والكراهية؟...

واسيتها وقلبي ينزف

كيف أساعدها؟ لا أعرف
تمنيت لو أني أملك ريشة وألوانا
لأعيد للوحتها الرونق والأمانَ

القرد الشقي

يا صبيان ويا صبايا
هيا استعدوا لسماع حكاية
عن حيوانات تقدمت بشكاية

للفيل الطيب "نسيم"
محبوب الغابة الحكيم
قالت: يا فيلنا الفهيم

جئناك نشكو القرد"نجيب"
أمره غريب عجيب
لا يمل من الخدع والألاعيب

كل يوم يدبر لنا مقالبا
يضايقنا ويخلق لنا متاعبا
نظل نأمل أن يأتينا تائبا

لكن الشقي يعيد الكرّة
يمطرنا حيلا ومقالبا مرّة
وما كل مرّة تسلم الجرة

هذا اليوم كاد يحرق الغابة
لحسن الحظ أخمدت النار سحابة
لما ثرنا همهم: قد كانت دعابة

ساد الصمت فتقدمت القبّرة شاكية
قالت بسببه عشت لحظات قاسية
كلما تذكرتها غدوت باكية

ذات مرة لحقني صائحا يا قبّرة
لقد عثر الثعلب على عشّك وبعثره
بطن اللعين صارت لصغارك مقبرة

عدت أدراجي وأنا أرتجف وأرعش
فوجدت صغاري آمنين في العش

ينتظرون كالعادة عودتي ولقمة العيش

بعدها صاحت السلحفاة بغضب
وأنا قلبني على ظهري وهرب
كنت هلكت لولا صديقي الأرنب

تهاطلت الشكاوى على الفيل بغزارة
سعى بحكمته لإطفاء الشرارة
فأعطى لبعض الأعوان إشارة

لإحضار القرد الشقي في الحال
واجهه: ما هذا الذي عنك يقال؟
كيف تزعج أصدقاءك وتحتال؟

هيا أقرّ بذنبك واعتذر من الجميع
إذا طردت من هذه الغابة ستضيع
بين أصدقائك الطيبين دنياك ربيع

أدرك القرد أنه ما له من مناص

فقد حوصر ووقع في شبكة القناص
اعتذر من الكل من أجل الخلاص

مرّت أيام وأيام والكل سعيد
حتى جاء يوم الاحتفال بالعيد
حضّرت الحيوانات الكعك والأناشيد

فجأة لاح لها شبح من بين الأشجار
أصيبت بنوبة هلع ولاذت بالفرار
تخلص القرد من قماشة بيضاء ومن الضحك انهار

جرعة أمل

غدا لنا موعد مع سحابة ماطرة
ستعانق الأراضي المجدبة الجرداء
ستنبثق منها خيرات وافرة
وبشذا الورود ستعبق الأجواء

غدا ستجري الأنهار رقراقة مائسة
مياهها تروي الأنفس وتنعش الروح
ستزهر وتبسم كل الوجوه العابسة
ستموت الأحزان وستلتئم الجروح

غدا ستشرق شمس مرهفة دافئة
لتوقظ الآمال النائمة والأحلام
سترفرف الهمّة وهي بالمصاعب هازئة
ستنطلق أسراب حمام من تحت الركام

غدا لنا موعد مع نسمات نافحة

تبرئ الأفئدة المكلومة المغتمة
ستغدو كفة المسرات هي الراجحة
ستتحلى السماء بنجوم تبدد العتمة

غدا ستلوّح الأيادي فرحا بالربيع
سيغرد القلب الجذلان مع الأطيار
سيرتوي العطاش من نهر المحبة النصيع
ستتزين الرؤوس بأكاليل الأزهار

بستان السعادة

تنشَّقُ نسيم عليل
معطر بالياسمين والهيل
قادني لبستان جميل
ذي رونق وظل ظليل

سرت بين الأشجار والزهور
وبرأسي سؤال يدور
عن سر السعادة والسرور
ما غراس الفرح؟ وأين البذور؟

أثار انتباهي جيش من النمل
يبدو أنه على السعد قد حصل
قال: عن سر سعادتي لا تسل
هي طبعا في السعي والعمل

دغدغت أذني ألحان شجية

رفعت رأسي للشجرة البهية
ابتسمت لي العصافير الهنية
قالت: سعادتي في الأمن والحرية

لمحت نحلا وسط الجمال والنقاء
يصنع بشغف وجد وسخاء
عسلا حلو المذاق وفيه الشفاء
قال: سعادتي في الجود والعطاء

مررت بجانب صرار طروب
مبغض للجد والعمل الدؤوب
غير آبه بتقلبات الدهر والخطوب
قال: سعادتي في اللامبالاة والهروب

جلست أ تأمل بركة فاتنة
راقتني بطة لصغارها حاضنة
تلعب وتمرح في بيئة آمنة
سعادتها في الدفء والحنان كامنة

جمعت باقة ضمت أجمل الزهور
أريجها الفواح أزكى من كل العطور
غادرت بستان البهاء والنور
و لا يزال السؤال برأسي يدور

صمود

خيبات الأمل

اسمعيني

لن تنتصري

لن تكسريني

لو اعترضت سبيلي

لو هببت كعاصفة

ستجدينني جبلا صلدا

ستندحرين خائفة

لو جئتني حارقة

كجمر كنار

ستفاجئين حتما

بطوفان بإعصار

خيبات الأمل

إن زرتني استعدي

فالراية البيضاء

لن تجديها عندى

لما اشتدت الغارات

شيّدت حصنا منيعا

من حاول اختراقه

خاب وبات صريعا

لما كثرت الخيبات

عمدت إلى تطوير سلاحي

لم ألتفت للوراء

بنفسي خطت جراحي

النسر المبتلّ الكسير

جفف ريشه وتعافى

رفرف وحلق في الفضاء

روحه مع اليأس تتنافى

أرجوحة الحظ

حظي يا أرجوحة تميد
تتأرجح بين عاثر وسعيد
أقبِل دوما في ثياب العيد
تبسّم ولا تلعب دور العنيد

يفترّ ثغرك المتلألئ البديع
فأرتمي في أحضان الربيع
في المروج أعدو كغزال وديع
وسط الزنبق والأقحوان أضيع

تعبس فتعلن مقدم الشتاء
تتجمد الأماني وتهطل الأعباء

تهب عاصفة الذكريات الهوجاء

تجرف سيول المآقي البهاء

تنفرج أساريرك فينجلي الغمام

تبدأ فصول قصة سلام

صفحاتها ورد جوري وأنغام

بين سطر وسطر تورق الأحلام

تزيح ستائر البشر والانشراح

أنغمس في التراجيديا والأتراح

تُسرق الأماني الزاهية وتستباح

تذهب الأحلام أدراج الرياح

يا حظ ابسط يدك لي

كن فانوسا يضيء ليالي

كن بساط ريح مخملي

ينقلني لحقل آمال خيالي

الحقيقة

حيرتني أيتها الحقيقة

هل أنت عدوة أم صديقة؟

تارة أراك شمسا منيرة

تبدد العتمة والحيرة

أراك قمرا في العلياء

نجمة تسطع في السماء

أراك ربان سفينة

راجح العقل فطينا

يقود بحكمة واتزان

يوجه البوصلة نحو بر الأمان

أراك بطل رواية مثيرة

ينقذ ويحمي الأميرة

يخرجها من كهف الظلام

لتعانق النور والأنسام

يزيح عن طريقها الأشواك

يجهض كل كمين يحاك

وتارة أراك علقما مريرا

للوجع والأنين سفيرا

أراك سيفا واثق الخطوات

يضرب أعناق الأمنيات

أراك سيولا قوية جارفة

تجتث شجرة الأحلام الوارفة

أراك نارا لافحة لا تطاق

تحرق رسائل وصور العشاق

أراك وحشا يدعي الوئام

ينتزعني من حضن الأوهام

يلقي بي في بئر عميقة

يصرخ أنا الواقع أنا الحقيقة

طاقة إيجابية

طائر بلبل مرح

بأحلى الألحان صدح

أينما حل نشر الفرح

لسانه عذب لبق

قلبه بالحب عبق

روحه جميلة كالشفق

رفرف بجناحيه وطار

لمح دبّا يين الأشجار

قد تملّكه اليأس و احتار

رنا إليه مواسيا وغرد

أنشودة أمل ونور ردد

اختفى حزن اليائس وتبدد

انبعث الرضا من عينيه وتدفق

ابتسم البلبل الغريد وحلق

حط على غصن مياس وشقشق

وها هي السلحفاة اللطيفة

تمشي بخطوات ظريفة

تظللها الأحلام الوريفة

قالت: طريقي صعب طويل

وأنا خطوي بطيء ثقيل

من أين آتي بالصبر الجميل؟

رد البلبل من على الغصن

ثابري وبالله أحسني الظن

فما ألذ النجاح بعد المحن

حيّاه الهزار والعندليب

قالا: أنت شمس لا تغيب

تنير وجه اليائس والكئيب

رد: هيا ننشر طاقة إيجابية

نوزع البسمة والأمل هدية

نرسم لوحة مسرات ندية

العازف المجنون

أرق عازف قيتار مجنون

لاذ إلى جذع زيزفون

قلّب المواجع وأثار الشجون

تحررت ذكريات من السجون

في هذا البيت ولهان ملتاع

ينهشه الحنين نهش الضباع

تماهى مع العزف وللشجن انصاع

تأججت أشواقه بين الحنايا والأضلاع

وفي تلك الغرفة أُسدل الستار

ما إن انطفأ النور حتى أضاءتها الأوتار

فُتح ألبوم ذكريات وصندوق أسرار

امتزجت عبرات ببسمات ونسيم أيار

في ذاك الفناء يتكئ شيخ عليل

يهز رأسه مع الأنغام ويميل

سرى الأمل بالشفاء في جسمه النحيل

علت ابتسامة وجهه السمح الجميل

وفي تلك العلية تغفو أماني

استيقظت على وقع النغم والألحانِ

ارتدت زيّ محارب ودرع الفرسانِ

ورمت ثوب الخامل الوسنانِ

من تلك الشرفة انطلق صوت كالسهام

صارخا: اغرب عن هذا الحي فأهله نيام

قد أزعجت نومي وغدا عندي دوام

ذعر العازف واختفى فورا في الظلام

الوعل والأصدقاء

وعل يجول في الغاب
بحثا عن رفقة وصحاب
بعد مسير طويل وعناء
لمح ثلة من الأصدقاء
ضمت قردا غزالة ظبيا ولاما
فيلا زرافة قنفذا ببغاء وحمامة
ألقى التحية بصوت عذب رقيق
سألهم: أ تقبلونني بينكم كصديق؟
ردوا: مرحبا بك بيننا
يسرنا انضمامك لنا
مع أول ابتسامة لشمس الصباح
استيقظ وعطر نشاطه فواح

كنس نظف وحضّر الفطور

رتب وزين بأبهى الزهور

صحا الأصدقاء وثمار جهده قطفوا

أداروا ظهورهم ولأشغالهم انصرفوا

لم يكترث ولم يبال أحد

أن المسكين قد اجتهد وكدّ

همهم الوعل بصوت شجي حزين

لا بد أنه قد داهمهم الوقت الثمين

أقبل عيد ميلاد الغزالة

أقامت بمعية الأصدقاء احتفالا

أهداها الوعل أحلى سوار

صنعه من الزهر والنوار

بسمة باهتة علت وجهها

ووضعته جانبا بين أغراضها

همهم الوعل بنبرة حزينة

ربما هديتي لم تكن قيمة ثمينة

توعك الظبي في ليلة ماطرة

تبادل الأصدقاء نظرات حائرة

قال الوعل: لا تحملوا همّا

أنا سأحضر نبتة تخفض الحمّى

فالظبي أخي وصديقي

لا العاصفة ولا الأمطار ستعيق طريقي

خرج مهرولا نحو الجبل

وقد التحف بمعطف البطل

قطف النبتة والفرحة عليه بادية

عاد وبشّر الظبي بالشفاء والعافية

زارتهم شمس صباح جميل

محتفية بتعافي الظبي العليل

شكر الكل على التفاني والإخلاص

ولم يتوجه إلى الوعل بشكر خاص

هممم الوعل: ربما تفكيري طفولي

خلت أن ما قمت به بطولي

توالت الأيام وكثرت الخيبات

في كل مرة يهمهم الوعل همهمات

حتى جاء اليوم الذي

لم يعد حسن الظن يجدي

قال الوعل: لن أكثر من القال والقيل

لقد قررت اليوم الرحيل

صديقا لكم أبدا لن أصير

ما دمتم لا تعرفون معنى التقدير

رحل واختفى عن الأنظار

وما انفك الببغاء يردد شعار

التقدير التقدير التقدير التقدير

لوحات الماضي

بعد أعوام مضت وشهور

زار الفنان مرسمه المهجور

كشف عن لوحاته القديمة

ألقى عليها نظرات أليمة

أزاح عن ذكرياته الستائر المغبرّة

قوي على مواجهتها هذه المرة

فتح معها حوارا وجادلها

ثارت نار ثم خمدت جذوتها

أخرج من حقيبته فرشاة وألوانا

عزم أن يزرع دربه سوسنا وبيلسانا

لهذه اللوحة ذات السماء السوداء

أضاف نجمات وقمرا يشع ضياء

لهذه اللوحة ذات الأرض القاحلة

أضاف خميلة وينبوعا مياهه سائلة

انتقل للوحة تتوسطها سيدة مغتمّة

تتكئ على كرسي وحيدة في العتمة

صيّر دمعاتها عقدا ماسيا براقا

حلاّها بابتسامة وأضفى عليها إشراقا

حمل بين يديه لوحة حمام مسجون

مكبل بأصفاد الكآبة والشجون

رسم فضاء رحبا وفتح له الباب

ليطلق العنان لفكره ويعانق السحاب

أخيرا جلس يتأمل لوحة يلفّها الغموض

وحده يستطيع أن يسبح في يمّها ويخوض

وضعها جانبا ابتسم وغادر المكان

أقبل على الحياة بحماسة وشجاعة الفرسان

نوستالجيا

هذا المكان هيّج قلبي

زحفت ذكريات وصور صوبي

كم إيجابي قد تحول لسلبي!

آه كم تغير المكان يا ربي

أغمضت عيني فرأيت مروجا يانعة

وأزهارا تغازل الشمس الساطعة

رأيت وجوها طيبة قانعة

تترنم وتصدح بأهازيج رائعة

فتحت عيني فرأيت السكون يغمر الديار

الأبواب والنوافذ كساها الغبار

لقد اختفى الشجر وذبل النوار

الشمس نائمة في وضح النهار

أغمضت عيني فرأيت هلالا

يحمل بشائر ويعلن احتفالا

الخيرات تنهمر وتملأ سلالا

يُنثر الورد والزغاريد تتعالى

فتحت عيني فحدثني جذع قصير

قال: إني أحن لأغصاني ولشدو العصافير

إني أحن للجدة والجد يفترشان الحصير

يرويان للأحفاد الحكايا والأساطير

أغمضت عيني فرأيت زورقا من ورق

سار في النهر وعانق الألق

صفق الأطفال لنجاته من الغرق

أحسست بالدمع من عيني اندلق

هذا المكان شجا روحي

ما طاله من تغير بالاغتراب يوحي

يا مشاعري!

انطلقي وإلى تلك الربوة روحي

اصرخي عاليا وبأوجاعك بوحي

اليأس والأمل

في ليلة من ليالي الشتاء
اشتدت الأمطار والعاصفة الهوجاء
انكسر بلور نافذة الفناء
انقطع التيار واكفهرت الأجواء

أهدتني شمعتي نورا باسما متهللا
لمحت اليأس إلى عالمي متسللا
أمسكت به في بذلة قناص متسربلا
ما بال اللئيم جاءني متطفلا؟

قال هذه فرصتي لأسود وأعتدي
اليوم سأخنقك بقبضة يدي

سماؤك متجهمة ولا نجوم بها تهتدي

فكيف السبيل إذن إلى ردعي وصدّي؟

انعكس نور الشمعة متقدا في عينيّ

رفعت راية التحدي وعقدت حاجبيّ

قلت لست بمنتصر ولا مسيطر عليّ

ستعود مدحورا من حيث جئت إليّ

استشاط غضبا فأطفأ نور شمعتي

سعى الوغد جاهدا لكسر شوكتي

حُشرت في الزاوية ونضبت حيلتي

خارت قواي وأوشكت تسقط دمعتي

تمسكت بحبل الأمل والأمنيات

سحبته بقوة حتى تولدت شرارات

فأشعلت بدل الشمعة عشرات الشمعات

عاد لعينيّ البريق ولقدميّ الثبات

حمي الوطيس واشتعلت ساحة الوغى

طالت الحرب بيني وبين عدو طغى

إذا ما اقتربت من النصر فار غضبا وأرغى

كم هو وعر الطريق لنيل المراد والمبتغى!

صاح الديك في أذني بلسان صدوق

لقد بزغ الفجر واقتربت الشمس من الشروق

اصمد ودع الأمل يروي العروق

سينسحب اليأس منهوكا وكالمصعوق

جادت الشمس بخيوط ذهبية مباركة

انتصرت وحسمت لصالحي المعركة

فرّ اليأس من الساحة مهزوما ومنهكا

وأنا على الشرفة حياني قرص الشمس ضاحكا

السنجاب والشحرور

خرج السنجاب الطيب الظريف
ليتسلى مع الشحرور اللطيف
يعشقان المرح واللعب بأوراق الخريف

يربطهما حبل صداقة متين
يتسمان برقة القلب واللين
مع ذلك لم يسلما من سهام الحاسدين

توشوش بعض أهل الغابة
انظروا! تصادقا وأغلقا في وجوهنا البوابة
لا يشوب ودادهما أي شيء يا للغرابة!

هيا نفكر في خطة وحيلة
لإنهاء هذه الصحبة الجميلة
لن نترك للصلح بينهما مجالا ولا سبيلا

انشغل كل واحد منهم وانهمك
بإعداد المكائد وحبك الشبك
بدأ العد العكسي لنصب الشرك

تخطى السنجاب والشحرور كل الصعاب
أجهضا خطط وفخاخ الذئاب
أثبتا أنهما أفضل صديقين في الغاب

جاء يوم استرق السمع أحد العدى
متحمسا هرول إلى رفاقه وعدا
أبشروا! ستعانق تلك الصداقة الردى

نشروا سر الشحرور في كل مكان
روجوا أن السنجاب من أفشاه وخان
وأنه ليس أهلا للثقة والائتمان

غرد الشحرور: أنت لست صديقي
من اليوم لا أريد أن أراك في طريقي

إن إخلاصك مزيف وغير حقيقي

أقسم السنجاب أنه ما حكى
انزوى في بيته تأوه وبكى
أوقعوا بيننا إلى اللّه المشتكى

بات الشحرور صديقا للأشرار
متوهما أنهم رفاقه الأخيار
يغرد ويشدو لهم طول النهار

في يوم عاصف مطير
وقع الشحرور وعجز أن يطير
ريشه مبلل وجناحه كسير

استنجد برفاقه دون جدوى
ظل يئن وحيدا وبدون مأوى
هب السنجاب إليه بسرعة قصوى

استضافه في بيته الدافي
قدم له الرعاية والقوت الكافي
حتى بدت عليه علامات التعافي

شكره والخجل به استبد
من اليوم لن يفرق بيننا أحد
سنظل صديقين إلى الأبد

عصا سحرية

ليلة البارحة عجيبة

رأيت حلما غريبا

رأيت أني تحولت لجنيّة

تحمل بيدها عصا سحرية

حلقت وحططت الرحال

بأرض طال فيها القتال

راعني ما رأيت من دمار

شرعت فورا في البناء والإعمار

بسطت الدفء وأنرت قنديلا

صنعت من الحرية والأمن إكليلا

غرست زيتونا شمالا ويمينا

زينت الشرفات بالبلسمينا

قابلت طفلة وجهها وضّاء

يشع من قلبها النقاء والصفاء

أعدت لها يدها المبتورة

ابتسمت رسمت شجرة وعصفورة

شدني من طرف ثوبي صبي بريء

على كرسي متحرك ولا أمل به يستضيء

قال: كان حلمي أن أصير بطلا وأعدو

لكن هذا ما صنعه بي العدوّ

جعلته يقفز ويجري بحركة بسيطة

لا يجب أن يقاسي أي طفل على هذه البسيطة

هناك يقبع عجوز مغتمّ

خنقه الحزن وعلى قلبه جثم

طوقته بأولاده وحتى الأحفاد

بريق عينيه أضاء كل البلاد

مررت بشابة منكسرة النفس وا أسفاه!

تلثم وتضم فستانا مطرزا ما أحلاه!

قلبها يحترق شوقا ويذوب

فتحت أبواب السجن وحررت المحبوب

أيقظني من نومي نور شمس النهار

شغلت التلفاز لأستشف الحقائق والأخبار

لقد كان فقط حلما استمر لثوان

ما زال قائما الحصار والعدوان

هجران الثقة

الثقة: آسفة

أنا آسفة

لم أنو إحداث عاصفة

هو: علام تتأسفين؟!

بعثرت أوراقي

أوقعتني في ألف كمين

الثقة: مهلا!

إني لك مخالِفة

ليس ذنبي

أنّ بحر الصدق مضطرب

وملوث بالمشاعر الزائفة

هو: صحيح ما تقولين

وهذا لا ينفي

أنك غشاوة على العينين

سأرتدي نظارات شك

سأبحر دون أن ألتفت إليك

سأتلافى طعنات الغادرين

الثقة: لن تبحر من دوني

أنا عارفة

اشبك يدك بيدي

ففي بحرك الثائر

أنا شراع السفينة

وفي صحراك القاحلة

أنا شجرة ظل وارفة

هو: ما بالك؟!

أ تهذين؟

إني أطردك من عالمي

إني أنزع سوارك عن معصمي

وغير هذا

فإنك تتوهمين

الثقة: ناسفة

كلماتك ناسفة

حماقتك هذه

للآمال جارفة

هو: أحمق من يُلدغ كل حين

من أفعى لا تستكين

سأخطو كل خطوة

متيقظ الحواس

حذرا من الثعابين

الثقة: خائفة

أنا خائفة

أن تضيع في غابة الهواجس

لا تتهور وانحن

حتى تمرّ العاصفة

هو: عبثا تحاولين

كلما عانقتك

أصبحت طريدة سهلة

لكل مكار لعين

هيا ارحلي

ماذا تنتظرين؟

الثقة: واقفة

على بابك واقفة

لن أتركك

والوساوس إليك زاحفة

على جناح معزوفة

الليل أسدل سدوله

ودثر العالم السكون

تمرد النوم وخاصمني

أبت أن تغمض لي العيون

تناولت كماني

انغمست في يم الألحان

سافرت على جناح معزوفة

لدنيا بالحسن محفوفة

افترشت بساطا موشى بالرسوم

صنعت عقدا مرصعا بالنجوم

أطل القمر الوضاح فحياني

استغرب وجودي في المكان

تجاذبنا أطراف الحديث

أثرنا كل قديم وحديث

بحت بما يجول في خاطري

تأرجحنا ما بين ماض آت وحاضر

نغمة عذبة سلسبيل

أقلتني وهي تهدهدني وتميل

أعادتني إلى مكاني

ليأخذني النوم في ثوان

كثر النفاق

كل من صادفك

كل من حكى معك

يثني على نفسه

يدعي أنه ملك

محاسنه يحصي ويعدد

حتى تسمعه ما أندرك

كل من رافقك

كل من حادثك

يبصم أنه الأطيب

الذي قلبه كالمسك

وأنه أينما حل وارتحل

ينثر زهور الليلك

الكل خير نير

بطل في المعترك

لا يعرف طريق الجور

ولا كيف ينصب الشرك

الكل شمس ساطعة

تبدد الظلمة والحلك

الكل قمر مكتمل

ينير ويجمل ليلك

ألا ليت شعري

من يطلق السهام صوبك

من مصدر الشرور

أ تهبط مع نيزك

من ينشر الفتن

من يحبك الشبك

من يكسر بخاطرك

من يسيل دمعك

من يرقص على الجراح

من ينفث السم في كأسك...

مكر النسيان

هذا النسيان

أي لعبة يلعب

أما آن الأوان

أن يمل ويتعب

حين أرجو غيابه

يشرفني بالحضور

وحين أطرق بابه

يمتنع عن الظهور

كم مرة بعثر أوراقي

وطير ما كان في رأسي يدور

كم زج بي في متاهات وأنفاق

لأنقب عما ضيع من أمور

وكم صدني وعاداني

فأمطرني وابلا من الذكريات

كان في اختيارها كفنان

إذ انتقى ما يسيل العبرات

يؤسفني حين أراه

ماسكا عصا سحرية

يصيب بها ضحاياه

فينسيهم روابط قوية

ويحشر في الزاوية المنسيين

لينهشهم الإهمال والانتظار

على أمل أن يوقظ الحنين
من قلوبهم انقلبت لأحجار

وعلى عرش القسوة يتربع
فيجرد من وقع عليهم الاختيار
من ذاكرتهم وتاريخهم المرصع
ليذيقهم شر الضياع والانكسار

يحيرني حين لا أراه
عاقلا عادلا عطوفا
ليته لا يسير على هواه
ليته يكون بالحلم موصوفا

القلب والعقل

من يسود من يطاع

العقل والقلب في صراع

من يهيمن من يسيطر

أ للقلب أم للعقل الانصياع

أمسك القلب بيدي

همس طاوعني يا صديق

سأكون أنا الذي

يرشدك في الطريق

قهقه العقل وقال

إياك والانخداع

كلامه زعم وإضلال

حتما سيقودك للضياع

شاورني أنا

استنصحني أنا

أنا دليلك أنا الشراع

انتفض القلب الرقيق

قائلا مهلا يا رفيق

هذا العقل ينوي الخداع

إنه جلف خشن

حتما سيجعلك تبات

غارقا في التفكير والحسابات

في أحلامك لن تطل

لا زنابق ولا أميرات

صاحبني أنا

لازمني أنا

أنا الرقة أنا الاستمتاع

تأهب العقل للدفاع

فاتهم القلب بالتصابي

بعدم التروي والاندفاع

قاطعه القلب ورد

أنت يا من تدعي الجد

كم جئت بأفكار

تفضي إلى الانهيار

غضب العقل وقال صه

معك لا أفكار ولا إبداع

من يتبعك يهوي للقاع

كفا عن تراشق الاتهامات

آن أوان فض هذا النزاع

لست بينكما كالرجل اليراع

لا رأي له لا قول ولا ثبات

معا سنمضي في اتزان

لتمطرنا سماؤنا مزيج ألوان

ونسبح في بركة الأمان

ابتسم للحياة

إذا ما كسا قلبك الضجر

فسارع ولا تنتظر

تأهب جهز العتاد

لا تفسح له مجالا لينتصر

انطلق عاديا في السهول والوهاد

ضع حسنها في مرمى النظر

تمايل مع الأنسام

أصغ لحفيف الشجر

غن مع البلابل والشحارير

ارقص على إيقاع المطر

نافس بطلتك القمر

تبسم والتقط ألفا من الصور

سافر عبر الزمن

عد لصباك وللصغر

اصنع طيارة من ورق

وقصرا رمليا على شط البحر

لا تخجل أن تقفز كطفل مرح

يرنو إلى عالم ساحر نضر

تائه في الصحراء

مسافر ضل وتاه

في أرض فلاة

تلفت يمنة ويسرة

نادى اللّه يا اللّه

قد ضللت طريقي

أغثني يا رباه

أطرق التائه المغترب

مستسلما لخطاه

لا يدري أي مسار ترسم

أ يقوده لمناه

على حين غفلة

هبت عاصفة هوجاء

تحمل أثقال الماضي

ما يذكره وما نساه

فبدا له جليا مكشوفا

كل ما عايشه وما رآه

انعكاس ماض

على مرآة

مرغما نصب نفسه قاض

ليحكم ما إذا كان راض

أم سيختم بوا أسفاه

شرع يفرز الأحداث والصور

بمنتهى التركيز والانتباه

هذه أيام كاللجين

كان فيها الليث والشاه

نعم فيها بصفو الحياة

صفصافة ظللت دنياه

وهذه أيام غم وشجن

وكأن الحزن قد ناداه

طوقه وضمه لصدره

طفق يكتوي بلظاه

قائمة بمن آزره

من كان له سندا وآخاه

وقائمة بمن خذله

من أعرض عنه وعاداه

فترات طيش وزيغ

مال واتبع هواه

منح إجازة للصواب

وقال مرحى باللامبالاة

وفترات جد وكدح

مجد العقل وأعلاه

بإصرار وحزم وجسارة

كل صعب تخطاه

وهدأت العاصفة

ولاح طريق النجاة

تلفت للخلف

بعينين

مغرورقتين

بالأسف والصحوة والابتهاج

قائلا شكرا لك يا فلاة

علمتني كيف أمشي بخطو

موزون في هذه الحياة

الجاسوس

أرسلت جاسوسا

رجل استخبارات

إلى مملكة الحب

ليأتيني بمعلومات

عن أحوال أهل العشق

هل هم في نعيم ومسرات

هل فصلهم ربيع

تزينه الفراشات

جاءت التقارير صادمة

حبلى بالمفاجآت

أماطت اللثام عن شعب

يرزح تحت المعاناة

قلوب تحترق أشواقا

تئن تبعث آهات

نفوس تسقى كؤوس الغدر

تلقى من الصبابة ويلات

عيون تبكي بلا دموع

حظها في دنيا الهوى دريهمات

عقول أذهبها الهيام

أخذت من الجنون سمات

عصابات تصول وتجول

تسرق قلوب الأبرياء والبريئات

رقاب تحت المقصلة

مقصلة الفراق والخيبات

ثلة هي التي عانقها الحظ

سماؤها زينت بالنجمات

طريقها فرش بزهر البرتقال

تمشي فيه بزهو وثبات

وما زالت هذه المملكة

تستقبل آلاف القطارات

تستهوي أفئدة من يحلمون

برسم أعذب اللوحات

يا غالي

امض قدما يا غالي

طر وحلق في الأعالي

لا تستدر لمثبط

واثق الخطى سر ولا تبالي

املأ جرتك من عين الحقيقة

لا من خرافات وقيل وقال

غص في بحر العلوم

تجد جوابا لكل سؤال

كن خلوقا كن صدوقا

كن النجم المتلألئ العالي

كن عنوان كتاب نجاح

حز ما بدا صعب منال

كن بشوشا كن عطوفا

مشبعا بأرقى شيم الرجال

امض تقيا نقي الفؤاد

مثقلا بأطيب غلال

امض يا نبض القلب

طر وحلق في الأعالي

الجِدّ والتفاهة

استفزت الجِد التفاهة

حين صرحت وهي تتباهى

أنا سيدة هذا الزمان

أنا أسود في كل مكان

هذا زماني هذا عصري

هيا نشرب نخب نصري

رد الجِد: تماديت يا سخافة

ما تدعينه أكذوبة وخرافة

إن منزلتي بين الناس رفيعة

بينما أنت واهية وضيعة

بسمة هازئة علت وجه التفاهة

قالت: سألحق بك هزيمة لن تنساها

راهني أيها الجِد العجوز

سترى بأمّ عينيك من منا سيفوز

رد الجِد: هيا نقم برحلة استطلاعية

مؤكد أني أنا من سيربح القضية

مع أول خطوة اندهش الجِد وتحيّر

هممم: إن وضعكِ عكس ما كنت أتصور

على يميني على شمالي تفاهة!

أمامي خلفي تفاهة!

أينما وليت وجهي تفاهة!

باللّه عليك أخبريني؟

متى علا كعبك؟ نوريني؟

كيف أصبح شأنك عظيما؟

كيف بت مهجورا يتيما؟

تقدمت نحوه التفاهة مزهوة

ترفل في فستان العزة والقوة

لقد هزمتك هيا استسلم

سأحبسك داخل هذا القمقم

رد الجِد وقلبه منفطر

فليفعل ما يشاء المنتصر

سيظل عندي أمل ورجاء

أن يحررني يوما أبطال عقلاء

ساعتي اليدوية

تعطلت ساعتي اليدوية
مكانتها بقلبي غير عادية

هرعت إلى الساعاتي بخطو حثيث
ساعتي ليست بخير إنها تستغيث

نبضات قلبها ضعيفة
تباطأت عقاربها الظريفة

نظرات عينيه وتقاسيم وجهه
أفصحت عما يدور في خلده

إنها مجرد ساعة قديمة

بالية ليست ذات قيمة

أرى أن الخيار الأنسب والأفضل

أن تستبدليها بأخرى حديثة وأجمل

كسرت الصمت لأوضح لمن تعجّب

أنها عندي أغلى من الذهب

كلما رنوت إليها فاحت ذكريات

كم تخطينا معا من مصاعب وعقبات

صديقتي رفيقتي في كل اختبار

قطفنا معا أحلاما وسلة أزهار

أعترف أننا لسنا كل الوقت على وفاق

فأحيانا يحدث بيننا شقاق

ذلك عندما أطلب منها أن تخون

وتكتم أنفاسها وتقبع بسكون

كي يطول فصلي الربيعي البهيج

ويتسنى لي أن أغرق في بحر الأريج

أو حين آمرها أن تمتطي صهوة جواد سريع

كي يرحل بسرعة شتائي القاسي والصقيع

تهمس في أذني:

خذي نصيبك من الفرح لا أكثر

وتجرعي في صمت كأس المرار المقدّر

ابتسم الساعاتي وناولنيها

قائلا اعتني بها جيدا ولا تفارقيها

* * *

الفهرس